8853

CATALOGUE
DES LIVRES

DE FEU M. LE GÉNÉRAL

COMTE DE NARBONNE,

Dont la Vente se fera le jeudi 8 décembre, à onze heures du matin, rue de Grenelle-Saint-Honoré, hôtel des Fermes.

A PARIS,

Chez MM. { DE BURE, frères, Libraires du Roi et de la Bibliothèque royale, rue Serpente, n° 7 ; LAURENT, Commissaire-Priseur, rue des Deux-Ecus, n° 15.

DE L'IMPRIMERIE DE CRAPELET.

1814.

Ouvrages nouveaux chez DE BURE, *frères, Libraires du Roi et de la Bibliothèque royale.*

L'Egypte sous les Pharaons, ou Recherches sur la géographie, la religion, la langue et l'histoire de l'Egypte, avant l'invasion de Cambyse; par M. Champollion le jeune. *Paris*, 1814, 2 *vol. gr. in-8. br.*...... 15 fr.
— Le même, Papier Vélin.................. 30 fr.

Nice et ses environs, ou vingt Vues dessinées d'après nature, en 1812, dans les Alpes maritimes, et gravées à l'eau-forte, avec leurs explications. *Paris*, 1814, *in-fol. oblong, cartonné*.................. 20 fr.

Ce dernier ouvrage se trouve aussi chez M. Remoissenet, marchand d'Estampes, quai Malaquais, n° 9.

Laurent - -

Clerc -

truchy

warie oncle

giroud

martin

p -

CATALOGUE
DES LIVRES

DE FEU M. LE GÉNÉRAL

COMTE DE NARBONNE.

---

1. DE l'esprit des loix, par Montesquieu. Genève, 2 vol. in-4. v. m.   4 -- 50.
2. Table des traités de paix, par Koch. *Basle,* 1802, 2 vol. in-8. br.   6 -- 15.
3. The constitution of England, by de Lolme. *Basil,* 1792, in-8. bas. = Commentaries on the laws of England, by Will. Blackstone. *Dublin,* 1797, 4 vol. pet. in-8. bas.   8 -- 5.
4. Recherches sur les ossemens fossiles des quadrupèdes, par M. Cuvier. *Paris,* 1812, 4 vol. in-4. fig. br.   44 -- 5.
5. The gentleman's farriery, or a practical treatise on the diseases of horses, by Bartlet. *London,* 1785, in-8. v. b.   1.
6. Dictionnaire des sciences et des arts, par Lunier. *Paris,* 1805, 3 vol. in-8. bas.   18.

2 *un double bro* - - - - - - - - - - -   7 -- 50.

25 - — 7. L'enlèvement des Sabines, gravé par Laurent, d'après le tableau du Poussin. *Grand in-fol. en feuilles.*

D. 60 - - — 8. Portraits de l'empereur de Russie, du roi de Prusse, du roi de Wurtemberg, du roi de Bavière, de son second fils et du grand-duc de Bade, peints en miniatures, et renfermés dans un cadre doré.

51 - - - 9. Portraits de Buonaparte, gravé par Desnoyers, d'après le tableau de Gérard. *Grand in-fol. en feuilles.*
Il y en a plusieurs épreuves, toutes du premier tirage.

7 - - - 10. Novitius seu dictionarium latino-gallicum. *Lutetiæ Parisiorum*, 1721, 2 *vol. in*-4. *v. b.*

2 - - - 11. Dictionnaire de poche latin-allemand et allemand-latin. *Leipzig*, 1801, 2 *vol. in*-12. *cart.*

3 - - 25 12. L'art de parler et d'écrire correctement la langue françoise, par de Levizac. *Paris*, 1801, 2 *vol. in*-8. *bas.*

22 - - - 13. Dictionnaire de l'Académie françoise, cinquième édition. *Paris, l'an VII*, 2 *vol. in*-4. *v. m.*

4 - - 14. Nouveau vocabulaire françois, par de Wailly. *Paris*, 1806, *in*-8. *bas.*

4 - - - 15. Dictionnaire espagnol, par Séjournant. *Paris*, 1759, 2 *vol. in*-4. *v. m.*

D. 7 - - 60 16. Novo diccionario francez-portuguez. *Lisboa*, 1803, *in*-4. *dem. rel.*

6 - 5 17. Dictionnaire françois-hollandois et hollandois-françois, par Winkelman. *Utrecht*, 1783, 2 *vol. gr. in*-8. *bas.*

36 - - - 29 portraits in 4° ordre + de Bonaparte

D 10 - 50 portrait du duc de fetten, et du prince régent de portugal

9 - 50 portrait du Roi de Rome monté dans une belle bordure

24 - - - portrait d'une femme au pastel, dans une riche bordure

p.

Dépêches

Laurent.

girod.

p.

p.

p.

girod.

16. C.

martin

jaubert

p.

p.

Loiseau

p.

goujon
goujon.

26. C.

18. Nouveau dictionnaire françois-suédois et suédois-françois, par Moller. *Stockholm, 1755, in-4. v. b.* — 3 — 60.

19. P. Virgilii Maronis bucolica, georgica et Æneis. *Parisiis, Didot natu major, 1798, in-fol. atlant. m. r. dent. tabis.* Pap. Vélin, fig. avant la lettre. — 200 — ƒ

20. Q. Horatius Flaccus. *Paris. Pet. Didot, 1799, in-fol. atlantico, m. r. dent. tabis.* Papier Vélin, fig. avant la lettre. — 120 — ƒ

21. Fables de La Fontaine. *Paris, Didot aîné, 1802, 2 vol. in-fol. atlantico, m. r. dent. tab.* Papier Vélin, fig. avant la lettre. — 240 — ƒ

22. Œuvres de J. Racine. *Paris, P. Didot l'aîné, 1801, 3 vol. in-fol. atlantico, m. r. dent. tabis.* Papier Vélin, figures avant la lettre. — 1180 — ƒ

23. Bibliothèque portative en allemand. 4 vol. in-18. renfermés dans un étui, contenant les œuvres de Schiller ; = les idylles de Gessner ; = les odes de Klopstock, et Emilia Galotti, par Lessing. — 7 — 50.

24. Carte d'Allemagne, par Chauchard, collée sur toile, et renfermée dans deux étuis. — 13.

25. Carte des états allemands, en 24 feuilles, collées sur toile, et renfermées dans deux étuis. — 10 — 90.

26. Conspectus partium regni Hungariæ et magni principatus Transilvaniæ, auctore Lipszky. 12 cartes collées sur toile en 2 parties, et renfermées dans un étui. } avec le n° 27

19 Virgilius Double — — — — — — — 200. ƒ
20 Horatius Double — — — — — — — 120. ƒ
21 Lafontaine Double — — — — — — 240. ƒ
22 Racine — — — — — — — 1180. ƒ

(6)

80 -- { 27. Repertorum locorum objectorumque in XII tabulis mappæ regnorum Hungariæ, Slavoniæ, Croatiæ et Transilvaniæ occurrentium, quas æri incisas vulgavit Joan. Lipszky de Szedlicsna. *Budæ*, 1808, *in*-4. *br.*

5 -- 5 . 28. Carte de la Nouvelle-Marche, publiée par Sotzman, en six feuilles, collées sur toile, et renfermées dans un étui.

D. 8 -- 95 . 29. Carte des états prussiens, par Sotzmann, en 4 feuilles, collées sur toile, et renfermées dans un étui.

D. 6 -- -- 30. Carte de la Prusse, publiée par l'Académie de Berlin, en six feuilles, collées sur toile, et renfermées dans un étui.

6 -- 5 31. Carte de la Prusse méridionale, par Gilly, en 13 feuilles, collées sur toile, et renfermées dans deux étuis.

7 -- 90 . 32. Plan de Vienne, très grande carte collée sur toile, et renfermée dans un étui.

17 -- 95 . 33. Dictionnaire de la géographie commerçante, par Peuchet. *Paris, l'an* VII, 5 *vol. in*-4. *bas.*

D. 3 -- -- 34. Dictionnaire géographique en allemand, par Stein. *Leipzig*, 1811, 2 *vol. in*-12. *dem. rel.*

4 -- 5 35. Journal d'un voyage en Allemagne, fait en 1773, par Guibert. *Paris*, 1803, 2 *vol. in*-8. *fig. v. r.*

16 -- -- 36. Voyage pittoresque du duché de Saltzbourg. *Vienne*, 8 *livraisons, en cahiers, figures au bistre.*
Chaque livraison contient 4 Vues.

D. 8 -- 95 carte de la moyenne marche, et plan de Berlin; 2 cartes
6 -- 40 . 3 cartes d'allemagne, du Mecklembourg, et d'europe
4 -- 15 4 cartes plan de vienne, dans la hongrie &c.
8 -- -- -- 6 cartes de divers états d'allemagne

                    27. C.

~~goujon~~ p.

                    29. ch.
                    30. C.

goujon

p.

                    34. C.

p.

Ménard.

                                Cha.

goujon
goujon
Maizot.

p.

p.

Laurent.

pierre

43. ch.

p.

goujon

girard.

37. Abrégé chronologique de l'histoire générale d'Italie, par de Saint-Marc. *Paris, Hérissant*, 1761, 4 *vol. pet. in-*8. *v. m.* — 2–95
   Les quatre premiers volumes.
38. Histoire des républiques italiennes du moyen âge, par Sismondi. *Paris*, 1809, 2 *vol. in-*8. *br.* — 1–50
   Les deux premiers volumes.
39. Abrégé de l'histoire de France, par Bossuet. *Paris*, 1747, 4 *vol. in-*12. *v. m.* — 5–20
40. Abrégé chronologique de l'histoire de France, par le président Hénault. *Paris*, 1768, 2 *vol. in-*4. *v. éc.* — 8–5
41. Abrégé chronologique de l'histoire et du droit public d'Allemagne. *Paris*, 1754, *petit in-*8. *v. m.* = Abrégé de l'histoire d'Espagne, par Duchesne. *Paris*, 1741, *in-*12. *m. r. dent.*
42. Abrégé chronologique de l'histoire du Nord, par Lacombe. *Paris*, 1762, 2 *vol. petit in-*8. *m. vert.*
   } 4–90
43. Etat actuel de la Turquie, par Thornton, trad. de l'anglois. *Paris*, 1812, 2 *vol. in-*8. *br.* — 7
44. Tables généalogiques des maisons souveraines de l'Europe, par Koch. *Strasbourg*, 1782, *in-*4. *br.*
45. Nouveau dictionnaire universel, historique et biographique, par Watkins, trad. de l'anglois. *Paris*, 1803, *in-*8. *bas.*
   } 6

FIN.

le Montant de la vente ci-d... f.. 4895–30ᶜ

portraits de Bonaparte

1 — 39 — Delpech
2 — 36 — idem
3 — 36 — idem
4 — 34 — Richard et fils en attes jnq

5
6
7
8
9
10
11
12
13
14
15
16
17
18
19
20
21
22
23

www.ingramcontent.com/pod-product-compliance
Lightning Source LLC
Chambersburg PA
CBHW071444060426
42450CB00009BA/2292